まちごとチャイナ

Guangdong 006 Dongguan

東莞

「アヘン戦争」と世界の工場

Asia City Guide Production

【白地図】東莞と珠江デルタ

CHINA
広東省

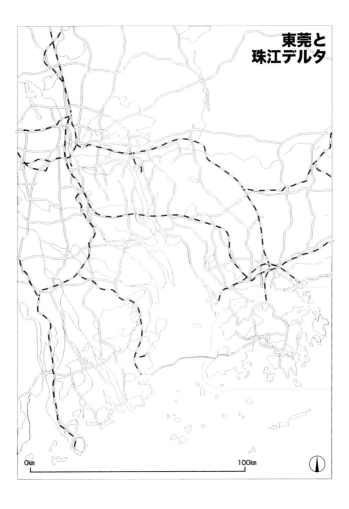

【白地図】東莞

CHINA
広東省

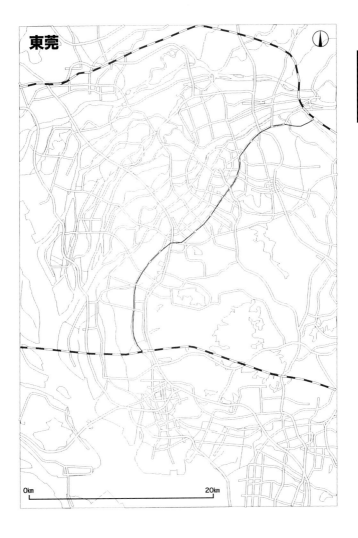

【白地図】東莞駅（常平鎮）

CHINA
広東省

東莞駅
（常平鎮）

Dongguan

白地図

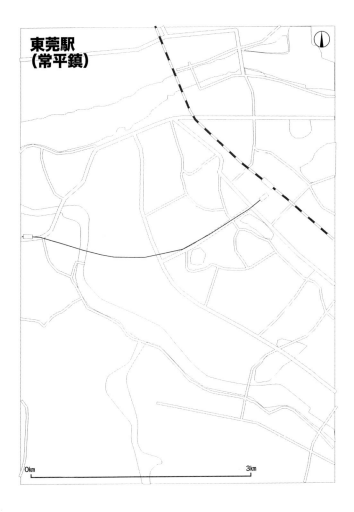

【白地図】莞城

CHINA
広東省

【白地図】莞城中心部

CHINA
広東省

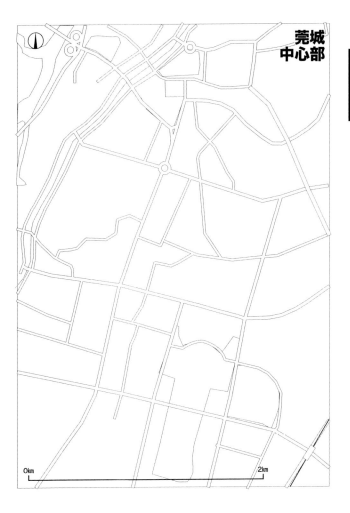

【白地図】可園

CHINA
広東省

可園

Dongguan | 白地図

0m　　　　100m

【白地図】東莞郊外

CHINA
広東省

東莞郊外

Dongguan 白地図

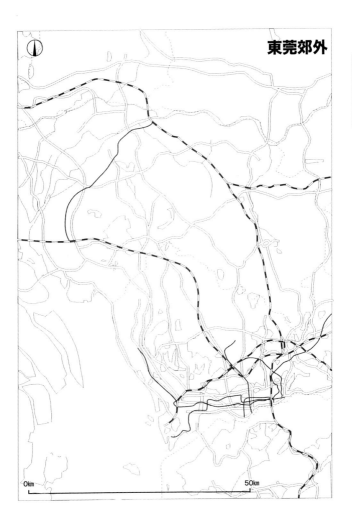

【白地図】虎門

CHINA
広東省

虎門

Dongguan | 白地図

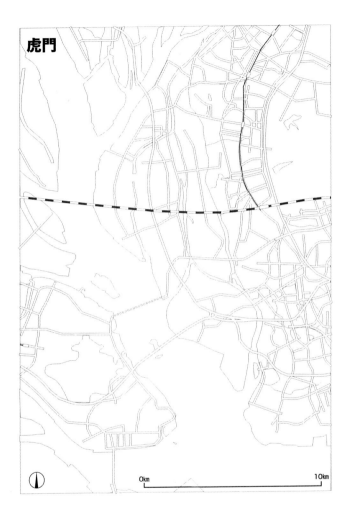

【白地図】虎門鎮中心部

CHINA
広東省

【まちごとチャイナ】

広東省 001 はじめての広東省

広東省 002 はじめての広州

広東省 003 広州古城

広東省 004 天河と広州郊外

広東省 005 深圳（深セン）

広東省 006 東莞

広東省 007 開平（江門）

広東省 008 韶関

広東省 009 はじめての潮汕

広東省 010 潮州

広東省 011 汕頭

香港、深圳から広州へと続く珠江デルタ地域の東南部に位置する東莞。東部が山岳地帯、西部はアヘン戦争の舞台となった珠江口という地理をもち、中心の莞城、九広鉄路の駅がある常平鎮、アヘン戦争の史跡が残る虎門鎮、日本企業も多数進出している清渓鎮などからなる。

1980年にこの街の南の深圳が経済特区に指定されると、中国は「世界の工場」といった性格を強め、東莞はその後背地として注目された。こうして田園が続く農村地帯の開発が進み、東莞は工場用の土地や労働力を供給する深圳の衛星都市

东莞 dōng guǎn ドンガン
Dong Guan

「アヘン戦争」と
世界の工場

として発展するようになった。

 とくに東莞では20世紀末のコンピュータの世界的な普及とともにOA機器の世界最大の集積地となり、おもに台湾企業の進出が見られた（世界的なパソコンの供給地であった台湾から東莞へのシフトが起こった）。1988年以来、省と県のあいだにある地級の東莞市へと昇格し、珠江デルタ経済圏のひとつを構成している。

【まちごとチャイナ】

広東省 006 東莞

CHINA
広東省

目次

東莞 ……………………………………………… xx

深圳と広州のあいだで ………………………… xxvi

東莞城市案内 …………………………………… xxxvi

世界の工場と働く人々 ………………………… lv

虎門鎮城市案内 ………………………………… lxi

林則徐とアヘン戦争 …………………………… lxxv

【MEMO】

【地図】東莞と珠江デルタ

CHINA
広東省

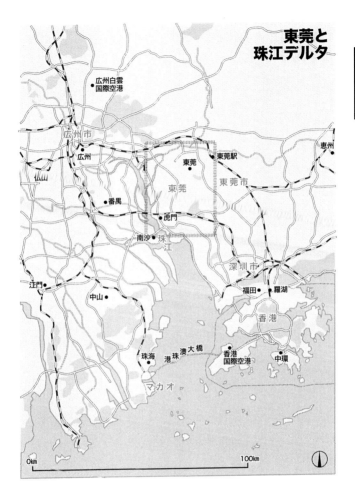

深圳と広州のあいだで

CHINA
広東省

1978年、鄧小平によって改革開放が唱えられると
世界史でも類のない速度で深圳が発展し
その勢いは隣の東莞にも波及することになった

巨大経済圏をつくる珠江デルタ

日本の関東平野ほどの面積をもつ珠江デルタ。その東側河口部にはイギリスの植民都市として発展した香港、西側河口部にはポルトガルの植民都市だったマカオが位置する。1980年代に改革開放が進められると、香港に隣接する広東省の深圳が急速に発展し、省都広州と深圳のちょうどあいだにあった東莞の地の利が注目された（北西の広州まで50km、南の深圳まで90km）。またこの街は広東省東部、香港、広州へ続く3つの鉄道が集まる要衝となっており、世界的な企業の進出も相次いでいる。

Dongguan 深圳と広州のあいだで

東莞のかんたんな歴史

広州東 56kmに位置する東莞には、新石器時代から人が住んでいたことが確認されている。東莞という名前はこの地に自生していた莞草という名前に由来し、明清時代のこの地方の中心地は莞城にあった。この東莞の名前が知られるのは、広州への入口（珠江口）にあたる虎門に軍事拠点がおかれたことによる（明代の1557年以降、マカオを拠点にした西欧は、珠江をさかのぼった広州でのみ交易を認められていた）。清朝の欽差大臣林則徐は、イギリスによるアヘンの売買を厳しくとりしまり、アヘン戦争では激戦が交わされるなど、東莞

CHINA
広東省

珠江沿いは中国近代史の舞台となった。近代以前、香港は東莞県に属していたことから、香港人のなかで東莞を原籍とする人々も多い(香港はアヘン戦争以後の1842年の南京条約で割譲)。

委託加工の街

珠江デルタのなかでも、東莞はとくに安い労働力を使った輸出用委託加工で知られる。1980年代の後半より、香港から輸入された原材料を東莞の工場で加工して製品化し、それを香港に移して、世界市場へ輸出するという方法がとられた(香

▲左　海のように広がる珠江口、虎門にて。　▲右　常平鎮にある九広鉄路の東莞駅、入境手続きも行なわれる

港には東莞出身者の広東人も多く、血縁関係も利用できた）。20世紀末の改革開放の高まりと、パソコンをはじめとするOA機器の需要から、東莞はパソコン周辺機器、電子部品関連の集積地となったことに特徴がある。委託加工で得られた利益の多くが東莞市、鎮や郷などの地元に入ったため、この街は大きく発展することになった。

アヘン戦争の舞台

東莞西部の虎門鎮は、東江、西江、北江といった水系が集まる珠江デルタの要衝で、そこから香港、マカオ、広州といっ

CHINA
広東省

▲左　OA機器を扱う企業がならぶ。　▲右　莞城のバスターミナル、広東省各地へバスが出ている

た街に水路で続いていた。清代の1840年、この地を舞台に茶貿易の赤字を埋めるためにアヘンを中国にもちこんだイギリスと清のあいだでアヘン戦争が起こったことが知られる（当時、中国の貿易は南の広州一港に定められていて、アヘン戦争後の1842年に結ばれた南京条約で香港はイギリスに割譲された）。虎門鎮には欽差大臣としてアヘン問題にあたった林則徐がアヘンを焼却した場所、また防衛のための砲台跡がいくつも残っている。

【MEMO】

【地図】東莞

【地図】東莞の [★★☆]
- ☐ 常平鎮 常平镇 チャンピンチェン
- ☐ 莞城 莞城 ガンチャン
- ☐ 可園 可园 カァユェン
- ☐ 虎門鎮 虎门镇 フゥメンチェン
- ☐ 虎門林則徐記念館 虎门林则徐记念馆 フゥメンリンチェシュウジィネンガン
- ☐ 虎門大橋 虎门大桥 フゥメンダァチャオ

【地図】東莞の [★☆☆]
- ☐ 松山湖公園 松山湖公园 ソォンシャンフウゴンユゥエン

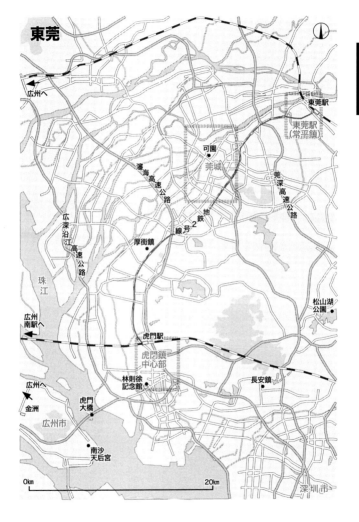

Dongguan

深圳と広州のあいだで

【MEMO】

CHINA
広東省

**Guide,
Dong Guan**
東莞
城市案内

CHINA
広東省

深圳と広州のあいだに位置する東莞
深圳に近い清渓鎮から
珠江に面する虎門まで広がる

東莞市と鎮

明清時代から東莞の中心であった莞城を中心に、長安鎮、常平鎮、清渓鎮、虎門鎮、厚街鎮といった「鎮」が集まって東莞市を構成する。中央を頂点に省、市、県、郷（鎮）と続く中国の行政機構にあって、東莞の行政単位は市と郷（鎮）のあいだの県が省略されたものとなっている。中国の郷鎮は農業人口の多い「郷」と、非農業人口の多い「鎮」に大きくわかれ、出稼ぎ労働者の多く集まる東莞は「鎮」の行政単位をもつ。

▲左 莞城のバスターミナル。 ▲右 中国庭園の技巧が駆使された可園

常平鎮 常平镇 cháng píng zhèn チャンピンチェン［★★☆］

香港の九龍半島と広州を結ぶ九広鉄路が走り、東莞駅がおかれている常平鎮。広東省東部へ伸びる鉄道もここから伸び、東莞への入口となっている。

【地図】東莞駅（常平鎮）の [★★☆]
☐ 常平鎮 常平镇 cháng píng zhèn チャンピンチェン

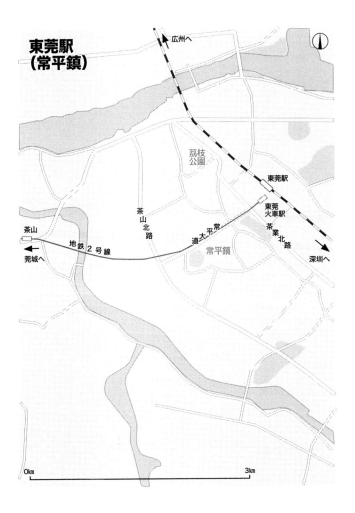

【地図】莞城

【地図】莞城の [★★☆]
- ☐ 莞城 莞城ガンチャン
- ☐ 可園 可园カァユェン

【地図】莞城の [★☆☆]
- ☐ 金鰲洲塔 金鳌洲塔ジンアオチョウタァ
- ☐ 東江 东江ドンジャン
- ☐ 中心広場 中心广场チョンシングゥアンチャン
- ☐ 旗峰公園 旗峰公园チイフェンゴンユゥエン

莞城

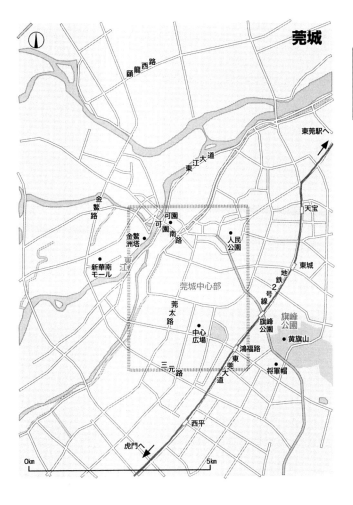

Dongguan

東莞城市案内

【地図】莞城中心部の [★★☆]

- ☐ 莞城 莞城ガンチャン
- ☐ 可園 可园カァユェン

【地図】莞城中心部の [★☆☆]

- ☐ 金鳌洲塔 金鳌洲塔ジンアオチョウタァ
- ☐ 東莞博物館 东莞市博物馆 ドングゥアンシィボオウゥグゥアン
- ☐ 中心広場 中心广场チョンシングゥアンチャン

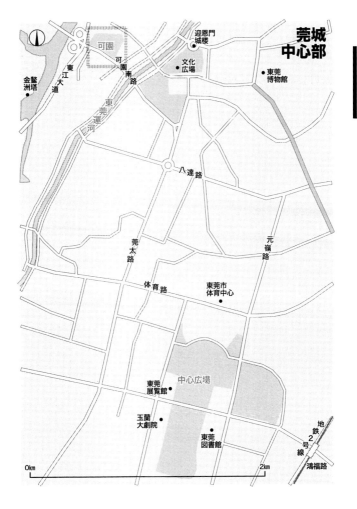

広東省

莞城 莞城 guǎn chéng ガンチャン ［★★☆］

深圳の衛星都市として発展した東莞の行政の中心が莞城。珠江へ合流する東江が街を流れ、その流れのそばには清代の四大名園にあげられる可園、明代に建てられた金鰲洲塔が位置する。

可園 可园 kě yuán カァユェン ［★★☆］

東江のほとりにあり、順徳の清暉園、仏山の梁園、番禺の余蔭山房とともに広東省の清代四大名園のひとつにあげられる可園。清の咸豊帝、同治帝が治める1851〜74年にかけて、この地の挙人が造営した。蘇州や杭州など江南の名園が模さ

▲左　湖にのぞむ可亭、可園は清代四大名園のひとつ。　▲右　美しい装飾で窓が彩られている

れ、池にのぞんで多くの建物が複雑に展開する（また亜熱帯性のこの地の植生が見られる）。建物内には美しい調度品も保存されている。

切り取られる空間

装飾が多く、壁を丸く繰り抜くことで門の役割を果たす洞門などが印象深い中国庭園。可園でも洞門をもちいることで、風景を切りとるといった試みが数多く見られる。そのほかにも建物と建物のあいだには、太湖石や盆栽など配置され、訪れる者の目を楽しませる工夫がされている。

【地図】可園

【地図】可園の [★★☆]
- 可園 可园 kě yuán カァユェン

CHINA
広東省

可園

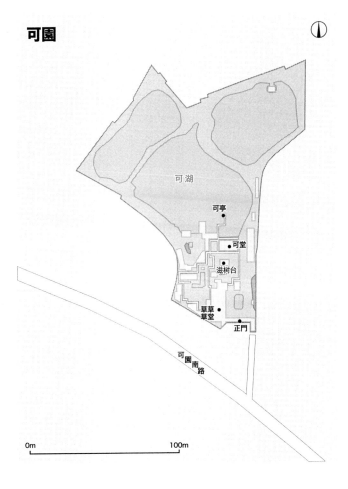

広東省

金鰲洲塔 金鳌洲塔
jīn áo zhōu tǎ ジンアオチョウタァ [★☆☆]

東江の河畔にそびえ、美しい姿を見せている金鰲洲塔。八角形のプランをもち、高さは40mにもなる。明代に建てられた歴史をもち、その後、いくどが修復されて今にいたる。

東江 东江 dōng jiāng ドンジャン [★☆☆]

江西省から広東省東部から珠江に合流する東江。西江、北江とともに珠江を構成し、全長523km。東莞の中心部から虎門へ向かって流れていく。

▲左 雨と陽射しをさけるための屋根つき自転車。　▲右　運河のほとりに立つ金鰲洲塔

東莞博物館 东莞市博物馆 dōng guǎn shì bó wù guǎn ドングゥアンシィボオウゥグゥアン ［★☆☆］

1929年に建設された東莞博物図書館を前身とし、書画、玉器、銅器などを収蔵する東莞博物館。とくに高さ3.8mの象塔で名高く、南漢時代の962年、東莞を荒らす野生の象の鎮魂のためにつくられた（象塔は莞城資福寺にあったものが遷された）。また近くには明代の城壁跡、迎恩門城楼も残っている。

広東省

中心広場 中心广场 zhōng xīn guǎng chǎng
チョンシングゥアンチャン [★☆☆]

広大な敷地をもち、莞城の街の顔になっている中心広場。21世紀に入ってから、明清時代の莞城南東のこの地で整備された。玉蘭大劇院、東莞展覧館、東莞図書館、東莞市科学技術博物館など、文化施設が集中して立つ。

旗峰公園 旗峰公园 qí fēng gōng yuán
チイフェンゴンユゥエン [★☆☆]

莞城東部の黄旗山を中心に広がる旗峰公園。豊かな自然のな

か黄旗子廟、植物園、庭園などが点在し、莞城市街を一望できる。

松山湖公園 松山湖公园 sōng shān hú gōng yuán
ソォンシャンフウゴンユゥエン ［★☆☆］
豊かな水をたたえる松山湖を利用した松山湖公園。複雑な入江、島々が見られ、あたりは風景区として整備されている。深圳へ続く立地から、この地に東莞松山湖高新技術産業開発区がおかれている。

【地図】東莞郊外

【地図】東莞郊外の [★★☆]
- 莞城 莞城ガンチャン
- 虎門鎮 虎门镇フゥメンチェン

【地図】東莞郊外の [★☆☆]
- 松山湖公園 松山湖公园ソォンシャンフウゴンユゥエン
- 清渓鎮 清溪镇チンシィチェン

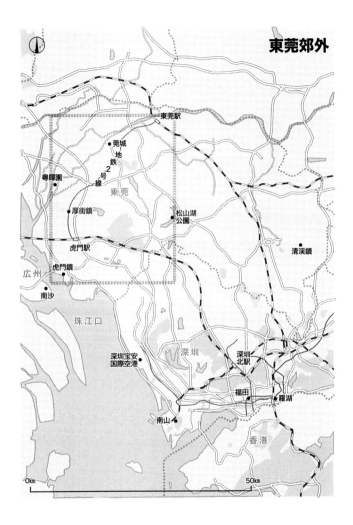

広東省

清渓鎮 清溪镇 qīng xī zhèn チンシィチェン ［★☆☆］

深圳へ近い東莞市東部に位置する清渓鎮。東莞に進出した各国企業の工場が集まる地域で、日系企業の姿も目立つ。とくにコンピュータ関連の部品などを扱う工場が多く、「世界の工場」と言われた中国のなかでもとくにその性格が強い土地となっている。

世界の工場と働く人々

深圳の地価が高騰するなかで
隣接する東莞はその衛星都市として発展してきた
多くの企業が進出する世界の工場の姿

世界の工場

1978年に改革開放が唱えられ、資本主義の要素の導入が決まると、資本主義諸国への入口となる香港・マカオに隣接する広東省はその最前線となった。広東省では外資の誘致が進み、各国企業は人件費の安い中国で生産し、製品を各国に輸出するようになった（改革開放以前は、中国では私営企業が禁止されていた）。こうしてカラーテレビや冷蔵庫、洗濯機、エアコンなどの完成品の中身が中国でつくられるようになった。このような状況は、19世紀なかばに産業革命を成功させたイギリスが「世界の工場」と呼ばれていたことにちなん

広東省

で、20世紀末以降の中国も「世界の工場」と呼ばれるようになった。深圳の想像以上の発展を受けて、東莞にも改革開放の波が訪れ、パソコンなどの部品を製造する工場はじめ、香港、台湾、日本などの企業が東莞に進出した。

労働をになう農民工

ほとんどなにもない田園地帯から巨大な工業区や商業地域ができあがった東莞。この労働力となったのが中国内陸部から仕事を求めて出稼ぎにやってきた農民工で、深圳や東莞は仕事の少ない内陸に暮らす農民の雇用の場となった（沿海部と

▲左　東莞にはさまざまな企業が進出している。　▲右　東莞駅前の商店、中国各地の料理が食べられる

内陸部には大きな経済格差がある）。中国では都市に住む人と農村に住む人では戸籍が違い、雇用や賃金、社会保障などでも大きな格差が見られる。改革開放がはじまると、農村部から都市に人口が移動し、暫定的に都市に暮らすこの農民工の存在が社会不安の要因にもなっている。

働く女性たち

東莞では中国内陸部から訪れた若い女性たちが、農民籍のまま2〜3年間働き、帰郷していくというようなことが見られる（来るときはトラクターを乗り継いで2か月を要すること

CHINA
広東省

もあったという)。沿岸部と内陸の農村部のあいだで格差のある中国では、故郷の父親の年収ほど月収を都市部で稼ぎ出し、そして家に帰るという構図があった。内陸部には無尽蔵とも言えるほどの労働力を擁するために次々と安い労働力が供給され、中国の経済発展を支えてきた。こうして発展した東莞は中山、順徳、南海とともに珠江デルタの四小虎と称されている。

▲左 「飲爆東莞、深圳」、20世紀末爆発的な成長を見せた。　▲右　東莞のバスターミナルに降り立った女性たち

大きな転換期を迎える東莞

1980年代以降、深圳や東莞は安価な労働力を武器に、各国へ輸出する製造業で発展してきた。こうしたなか原料価格や賃金の上昇、ベトナムやバングラデシュなどの新興国の台頭を受けて、2010年代以降、東莞は産業構造の転換をせまられることになった（製造下請け業から金融、情報技術分野などにシフトした深圳に対して、東莞の産業高度化は遅れた）。また出稼ぎ女性がそのまま東莞にとどまって、性風俗産業に就くといった問題も指摘される。

Guide,
Fu Men Zhen
虎門鎮
城市案内

珠江に面する東莞西部の虎門鎮
ここには中国近代の幕を開けた
アヘン戦争のちなみ史跡が残る

虎門鎮 虎门镇 hǔ mén zhèn フゥメンチェン ［★★☆］
珠江の河口部東側を占める東莞の虎門鎮。海のように広がる珠江河口部にはいくつもの州状の島があり、そのなかに伏臥した虎のかたちをした大虎山、その北西に小虎山と呼ばれる小島が位置し、大虎と小虎が広州への門番のようになっているところから、虎門という地名がつけられた。虎門南の珠江から上流を見たとき、鼻の穴を穿つ（通る）ようなかたちをしているところにちなむ、川鼻という地名も残っている（穿と川は発音が同じ）。

【地図】虎門

【地図】虎門の [★★☆]
- [ ] 虎門鎮 虎门镇 フゥメンチェン
- [ ] 虎門林則徐記念館 虎门林则徐记念馆 フゥメンリンチェシュウジィネンガン
- [ ] 虎門大橋 虎门大桥 フゥメンダァチャオ

【地図】虎門の [★☆☆]
- [ ] 威遠砲台 威远炮台 ウェイユェンパオタイ
- [ ] 沙角砲台 沙角炮台 シャジャオパオタイ

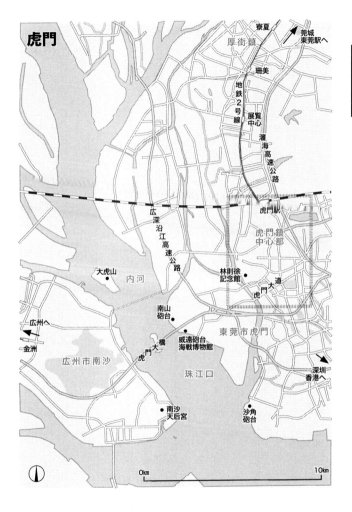

【地図】虎門鎮中心部

【地図】虎門鎮中心部の [★★☆]
- 虎門鎮 虎门镇 フゥメンチェン
- 虎門林則徐記念館 虎门林则徐记念馆 フゥメンリンチェシュウジィネンガン

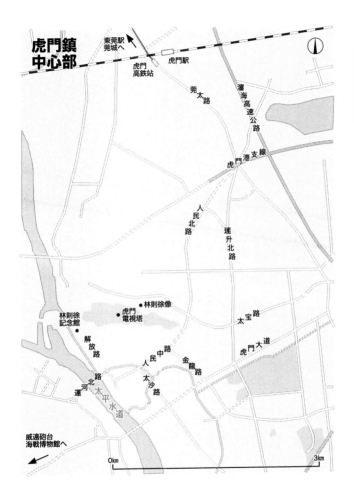

広東省

珠江と虎門

西江、北江、東江といった支流をもつ珠江は、河口部では8つの門にわかれ、南海へ注ぐ。虎門はその代表的な門で、外洋から見ると、珠江の流れが一気に狭まる。そのため虎門から広州までは内河（太平水道）と呼ばれ、1840年にアヘン戦争が起こるまでは外国の軍艦が内河に入ることはできなかった。

▲左　ここで林則徐はアヘンを焼却した。　▲右　珠江近くに位置する林則徐記念館

虎門林則徐記念館 虎门林则徐记念馆 hǔ mén lín zé xú jì niàn guǎn フゥメンリンチェシュウジィネンガン ［★★☆］

イギリスによって中国にもちこまれたアヘンが蔓延する事態を受けて、1838年、問題を解決するために清朝から欽差大臣として広州に派遣された林則徐。虎門林則徐記念館は、林則徐が外国商人から没収したアヘンを焼却した場所に立ち、現在でも石灰とアヘンを混ぜて処分した池が残る。また記念館内では、1940年に起こったアヘン戦争を模型や資料を使いながら展示されている。

広東省

珠江の軍事的要衝

虎門は交易拠点として長い歴史をもつ広州に続き、また海側から見て珠江の川幅がせばまる場所にあたった（広州はアヘン戦争以後の南京条約が結ばれるまでは、外国に開けた唯一の街だった）。そのため虎門一帯には軍事施設がおかれ、沙角、大角両砲台をはじめ、南山、威遠などの砲台、さらに大虎山の砲台が珠江河口部に向けられ、砲台の数は300にも達していた。また虎門では、川底にうたれた杭と鎖でつながれたいかだで、航路を封鎖することもできたという。現在は虎門大橋が虎門（東莞）と、珠江をはさんで対岸の南沙（広州）を結んでいる。

▲左　珠江に架かる虎門大橋。　▲右　清朝の軍事拠点があった威遠砲台

威遠砲台 威远炮台 wēi yuǎn pào tái
ウェイユェンパオタイ ［★☆☆］

虎門鎮の西側、珠江に浮かぶ武山におかれた威遠砲台（海を守る要塞）。清代の1717年に南山砲台が設置されていたが、1835年、広東水師提督の関天培によって、より強力な威遠砲台が造営された。アヘン戦争開始当時はここからイギリス軍艦に砲撃を撃ち込むなど戦果をあげたが、1841年に陥落し、関天培も戦死した。清朝の兵士が暮らした部屋が残っているほか、敷地内には海戦博物館があり、アヘン戦争にまつわる展示が見られる。

CHINA
広東省

沙角砲台 沙角炮台 shā jiǎo pào tái シャジャオパオタイ［★☆☆］
虎門河口の沙角山にある沙角砲台。虎門の入口部分に立ち、空砲を撃つことで外国船を停止させたり、ほかの砲台への合図を送る役割を果たしていた（また外国船への臨検が行なわれた）。瀬海台、沙角台、捕魚台などから構成され、浜辺には林則徐を記念した林公則記念碑が立っている。アヘン戦争中の1841年にイギリス軍によって陥落し、この砲台を守っていた600名の清軍のほとんどが戦死したという。そのなかで死体の引き取り手のいない75名を地元住民が仮埋葬し、その後、白草山麓に埋葬しなおし、石碑を建てた。

▲左　珠江をはさんで対岸の南沙から見た虎門大橋。　▲右　珠江口に向けられた大砲

虎門大橋 虎门大桥 hǔ mén dà qiáo
フゥメンダァチャオ［★★☆］

東莞市の虎門と広州市の南沙を結ぶ虎門大橋。珠江河口部にかかるこの橋の全長は45kmにおよぶ。1997年にこの橋が完成するまでは対岸への移動には船が使われていたが、虎門大橋の完成で格段に利便性が向上した。

広東省

アヘン戦争前の攻防戦

1834年、イギリスから派遣されたネーピアは、「中国との交易拡大を求める親書」を両広総督に渡すため珠江をさかのぼって広州を目指した。当時、広州の沙面には外国人居住用の区画が整備されていたが、外国人が広州に来訪するときは前もって許可をとらなくてはならなかった。それを破って広州へやってきたネーピアに対して、清朝はイギリスとの貿易の一切を停止した。ネーピアは虎門外の外洋に待機していた軍船を広州に呼び寄せるが（虎門よりなかに軍船が入ることは禁じられていた）、広州の東、黄埔で待ち構えていた清軍は、

▲左 イギリス兵と戦った東莞の人々。　▲右　教養高く、鉄の意思でアヘン問題にあたった林則徐

数十隻の船舶で珠江の浅瀬を埋めてイギリス軍艦が進めないようにし、そのほかに2隻の船舶で軍艦を包囲した。ネーピアが広州を去ると、清朝は貿易を再開し、一方のネーピアはマカオに到着してしばらくしてからなくなっている。この事件からしばらくたった1840年、清朝とイギリスのあいだでアヘン戦争が勃発した。

林則徐とアヘン戦争

近代中国の幕を開けたと言われるアヘン戦争
アヘンを中国にもちこむイギリスに対して
林則徐が広州へと派遣された

アヘンの蔓延と林則徐

清代に入ると、北京から遠く離れた中国の貿易は、南海にのぞむ広州一港に限られ、広州の一角に設けられた商館で、中国と外国の交易が行なわれていた。こうしたなか、中国の茶を輸入することでイギリスの貿易赤字は増え続け、流出する銀への対価として植民地インドのアヘンを中国にもちこむことにした。中国では官吏や庶民をふくめてアヘン中毒者が蔓延し、この問題をとりしまるため、福建省出身の清朝官吏林則徐が広州へ派遣されることになった。

広東省

アヘンを焼却する林則徐

林則徐はジャーディン・マセソン商会やデント商会といったアヘン商人らが所持するすべてのアヘンを没収し、今後、アヘンを中国にもちこまないといった誓約書を提出させた。イギリス商人から2万箱にのぼるアヘン在庫を没収した林則徐は、虎門の海岸に池を掘り、塩水と焼いた石灰を混ぜてアヘンを焼却し、3週間かけて珠江へ流し捨てた（その場所が現在の虎門林則徐記念館）。林則徐は人々の前で、毅然とした態度でのぞんだが、その強硬姿勢はアヘン商人やイギリスの反感を買うことになった。

▲左　アヘン戦争に関する展示が見られる海戦博物館。　▲右　ここで清軍の兵士が生活した、威遠砲台にて

アヘン戦争と開港

清朝による政策のあとも、アヘン商人は珠江河口部にアヘンを積んだ船を浮かべ、そこから小型船で本土へ陸揚げするといった方法をとっていた。こうしたなかジャーディン・マセソン商会は、イギリス政府に軍艦を広州へ派遣するように働きかけ、武力で問題を有利に進めようとした。イギリスは中国への軍艦を派遣し、1840年、ついにアヘン戦争がはじまった。珠江口では激戦が交わされたが、軍事力にまさるイギリスは、1841年、虎門の砲台を攻撃するなど戦いを有利に進めた。この戦いのなかで強攻策をとった林則徐は罷免され、

CHINA
広東省

1842年に南京条約が結ばれた(清の敗北)。香港島がイギリスに割譲され、上海などの5港が開港されることになった(このときから香港がイギリスの植民地となり、上海では外国人居留地である外灘がつくられた)。

Dongguan

林則徐とアヘン戦争

参考文献

───────────────────────────────

『中国の実験』(エズラ・F・ヴォーゲル / 日本経済新聞社)

『実録アヘン戦争』(陳舜臣 / 中央公論社)

『中国歴史紀行』(陶野文明 / 決断)

『中国名勝旧跡事典』(中国国家文物事業管理局編 / ぺりかん社)

『中国の庭園』(木津雅代 / 東京堂出版)

『中国農民工の調査研究』(巌善平 / 晃洋書房)

『世界大百科事典』(平凡社)

まちごとパブリッシングの旅行ガイド
Machigoto INDIA , Machigoto ASIA , Machigoto CHINA

【北インド - まちごとインド】

001 はじめての北インド
002 はじめてのデリー
003 オールド・デリー
004 ニュー・デリー
005 南デリー
012 アーグラ
013 ファテープル・シークリー
014 バラナシ
015 サールナート
022 カージュラホ
032 アムリトサル

【西インド - まちごとインド】

001 はじめてのラジャスタン
002 ジャイプル
003 ジョードプル
004 ジャイサルメール
005 ウダイプル
006 アジメール（プシュカル）
007 ビカネール
008 シェカワティ
011 はじめてのマハラシュトラ
012 ムンバイ
013 プネー
014 アウランガバード
015 エローラ
016 アジャンタ
021 はじめてのグジャラート
022 アーメダバード
023 ヴァドダラー（チャンパネール）
024 ブジ（カッチ地方）

【東インド - まちごとインド】

002 コルカタ
012 ブッダガヤ

【南インド - まちごとインド】

001 はじめてのタミルナードゥ
002 チェンナイ
003 カーンチプラム
004 マハーバリプラム
005 タンジャヴール
006 クンバコナムとカーヴェリー・デルタ
007 ティルチラパッリ
008 マドゥライ
009 ラーメシュワラム
010 カニャークマリ
021 はじめてのケーララ
022 ティルヴァナンタプラム
023 バックウォーター（コッラム〜アラップーザ）
024 コーチ（コーチン）
025 トリシュール

【ネパール - まちごとアジア】

001 はじめてのカトマンズ
002 カトマンズ
003 スワヤンブナート

004 パタン
005 バクタプル
006 ポカラ
007 ルンビニ
008 チトワン国立公園

【バングラデシュ - まちごとアジア】

001 はじめてのバングラデシュ
002 ダッカ
003 バゲルハット（クルナ）
004 シュンドルボン
005 プティア
006 モハスタン（ボグラ）
007 パハルプール

【パキスタン - まちごとアジア】

002 フンザ
003 ギルギット（KKH）
004 ラホール
005 ハラッパ
006 ムルタン

【イラン - まちごとアジア】

001 はじめてのイラン
002 テヘラン
003 イスファハン
004 シーラーズ
005 ペルセポリス
006 パサルガダエ（ナグシェ・ロスタム）
007 ヤズド
008 チョガ・ザンビル（アフヴァーズ）
009 タブリーズ

010 アルダビール

【北京 - まちごとチャイナ】

001 はじめての北京
002 故宮（天安門広場）
003 胡同と旧皇城
004 天壇と旧崇文区
005 瑠璃廠と旧宣武区
006 王府井と市街東部
007 北京動物園と市街西部
008 頤和園と西山
009 盧溝橋と周口店
010 万里の長城と明十三陵

【天津 - まちごとチャイナ】

001 はじめての天津
002 天津市街
003 浜海新区と市街南部
004 薊県と清東陵

【上海 - まちごとチャイナ】

001 はじめての上海
002 浦東新区
003 外灘と南京東路
004 淮海路と市街西部
005 虹口と市街北部
006 上海郊外（龍華・七宝・松江・嘉定）
007 水郷地帯（朱家角・周荘・同里・甪直）

【河北省 - まちごとチャイナ】

001 はじめての河北省
002 石家荘
003 秦皇島
004 承徳
005 張家口
006 保定
007 邯鄲

【江蘇省 - まちごとチャイナ】

001 はじめての江蘇省
002 はじめての蘇州
003 蘇州旧城
004 蘇州郊外と開発区
005 無錫
006 揚州
007 鎮江
008 はじめての南京
009 南京旧城
010 南京紫金山と下関
011 雨花台と南京郊外・開発区
012 徐州

【浙江省 - まちごとチャイナ】

001 はじめての浙江省
002 はじめての杭州
003 西湖と山林杭州
004 杭州旧城と開発区
005 紹興
006 はじめての寧波
007 寧波旧城
008 寧波郊外と開発区
009 普陀山
010 天台山
011 温州

【福建省 - まちごとチャイナ】

001 はじめての福建省
002 はじめての福州
003 福州旧城
004 福州郊外と開発区
005 武夷山
006 泉州
007 厦門
008 客家土楼

【広東省 - まちごとチャイナ】

001 はじめての広東省
002 はじめての広州
003 広州古城
004 天河と広州郊外
005 深圳（深セン）
006 東莞
007 開平（江門）
008 韶関
009 はじめての潮汕
010 潮州
011 汕頭

【遼寧省 - まちごとチャイナ】

001 はじめての遼寧省
002 はじめての大連
003 大連市街
004 旅順
005 金州新区

006 はじめての瀋陽
007 瀋陽故宮と旧市街
008 瀋陽駅と市街地
009 北陵と瀋陽郊外
010 撫順

【重慶 - まちごとチャイナ】

001 はじめての重慶
002 重慶市街
003 三峡下り（重慶〜宜昌）
004 大足

【香港 - まちごとチャイナ】

001 はじめての香港
002 中環と香港島北岸
003 上環と香港島南岸
004 尖沙咀と九龍市街
005 九龍城と九龍郊外
006 新界
007 ランタオ島と島嶼部

【マカオ - まちごとチャイナ】

001 はじめてのマカオ
002 セナド広場とマカオ中心部
003 媽閣廟とマカオ半島南部
004 東望洋山とマカオ半島北部
005 新口岸とタイパ・コロアン

【Juo-Mujin（電子書籍のみ）】

Juo-Mujin 香港縦横無尽
Juo-Mujin 北京縦横無尽
Juo-Mujin 上海縦横無尽

【自力旅游中国 Tabisuru CHINA】

001 バスに揺られて「自力で長城」
002 バスに揺られて「自力で石家荘」
003 バスに揺られて「自力で承徳」
004 船に揺られて「自力で普陀山」
005 バスに揺られて「自力で天台山」
006 バスに揺られて「自力で秦皇島」
007 バスに揺られて「自力で張家口」
008 バスに揺られて「自力で邯鄲」
009 バスに揺られて「自力で保定」
010 バスに揺られて「自力で清東陵」
011 バスに揺られて「自力で潮州」
012 バスに揺られて「自力で汕頭」
013 バスに揺られて「自力で温州」

【車輪はつばさ】
南インドのアイラヴァテシュワラ寺院には建築本体に車輪がついていて寺院に乗った神さまが人びとの想いを運ぶと言います。

・本書はオンデマンド印刷で作成されています。
・本書の内容に関するご意見、お問い合わせは、発行元の
　まちごとパブリッシング info@machigotopub.com までお願いします。

まちごとチャイナ
広東省006東莞
〜「アヘン戦争」と世界の工場 [モノクロノートブック版]

2017年11月14日　発行

著　者	「アジア城市（まち）案内」制作委員会
発行者	赤松　耕次
発行所	まちごとパブリッシング株式会社 〒181-0013　東京都三鷹市下連雀4-4-36 URL http://www.machigotopub.com/
発売元	株式会社デジタルパブリッシングサービス 〒162-0812　東京都新宿区西五軒町11-13 清水ビル3F
印刷・製本	株式会社デジタルパブリッシングサービス URL http://www.d-pub.co.jp/

MP120

ISBN978-4-86143-254-5 C0326　　　　Printed in Japan
本書の無断複製複写（コピー）は、著作権法上での例外を除き、禁じられています。